Inversión en Criptomonedas para Principiantes

Construye una Cartera a Largo Plazo, Evita Errores de Principiante y Comienza a Crear Riqueza Hoy

Por Joe Correa

Publicado por Live Stronger Faster

Este libro es solo para fines educativos e informativos. El autor y el editor no están proporcionando asesoramiento legal, financiero ni de ningún otro tipo profesional. Los lectores deben consultar con un profesional calificado antes de tomar cualquier decisión financiera.

Primera Edición

Tabla de Contenido

Introducción a la Inversión en Criptomonedas para Principiantes

La inversión en criptomonedas ha evolucionado de ser una curiosidad de nicho a convertirse en un movimiento financiero global, ofreciendo a las personas comunes la oportunidad de construir riqueza real. Si tienes este libro en tus manos, significa que estás listo para dar ese paso—de observador a inversionista. Y has tomado la decisión correcta, porque el momento importa. Aún estamos en las primeras etapas de esta revolución. Aunque los mercados han pasado por ciclos de auge y caída, como cualquier nueva clase de activo, la curva de adopción continúa creciendo. Aquellos que aprendan los principios correctos ahora estarán en la mejor posición para obtener ganancias a largo plazo.

Este libro no es solo un curso rápido sobre qué monedas comprar. Es un cambio de mentalidad. Aquí aprenderás a pensar como un inversionista—no como un apostador, no como un especulador, y definitivamente no como alguien que simplemente persigue el próximo token viral. Aprenderás a evaluar criptomonedas basándote en sus fundamentos, a comprender el riesgo y la recompensa, y a proteger tu capital mediante diversificación, almacenamiento en frío y medidas de seguridad. Invertir en criptomonedas es más que comprar

Bitcoin o Ethereum; se trata de construir una base sólida que pueda crecer junto con el futuro de la economía digital.

Comenzaremos con lo básico: qué significa invertir en criptomonedas y por qué es diferente a invertir en activos tradicionales como acciones o bienes raíces. Luego, cubriremos cómo identificar proyectos sólidos, qué métricas analizar y cómo evitar estafas que se aprovechan de los principiantes. A partir de ahí, te guiaremos en la creación de un portafolio inicial—incluyendo estrategias de asignación de activos, técnicas de gestión de riesgo y planes de inversión con promedio del costo en dólares (DCA). Incluso aprenderás a reconocer los ciclos del mercado, manejar el FOMO (miedo a quedarse fuera) y desarrollar la disciplina que separa a los ganadores a largo plazo de los perdedores a corto plazo.

Uno de los errores más grandes que cometen los nuevos inversionistas es tratar las criptomonedas como un boleto de lotería. Invierten su dinero en lo que está de moda en redes sociales, esperando ganancias inmediatas. Pero la verdadera inversión se basa en la paciencia, la educación y el crecimiento compuesto con el tiempo. ¿La buena noticia? No necesitas ser un genio ni un experto en tecnología. Solo necesitas seguir principios comprobados, utilizar las herramientas correctas y mantener tus emociones bajo control.

Para cuando termines este libro, tendrás un plan de acción claro para construir tu propio portafolio de criptomonedas—ya sea que comiences con $50 o $50,000. Sabrás cómo evaluar proyectos, entender la tokenómica, almacenar tus activos de forma segura y decidir cuándo comprar, mantener o vender. Tendrás la confianza necesaria para participar en esta emocionante clase de activo sin caer en las trampas en las que muchos otros caen.

Invertir en criptomonedas es una de las oportunidades más emocionantes de nuestra generación. Pero también es una de las más mal comprendidas. Deja que este libro sea tu guía. Que sea el plano al que regreses cada vez que tengas dudas. Y, sobre todo, que sea tu punto de partida para construir una riqueza real y duradera en la era digital.

Comencemos.

Capítulo 1: Por Qué Invertir en Criptomonedas

La inversión en criptomonedas ha evolucionado hasta convertirse en una de las oportunidades más dinámicas de nuestro tiempo. Pero muchos principiantes aún se preguntan: ¿por qué invertir en cripto? ¿Qué hace que esta clase de activo sea tan atractiva y cómo se compara con inversiones tradicionales como acciones, bonos o bienes raíces? La respuesta se encuentra en una combinación de innovación, accesibilidad, potencial de crecimiento y la oportunidad de participar temprano en un cambio generacional en las finanzas y la tecnología.

En su esencia, invertir en criptomonedas ofrece exposición a un futuro descentralizado—uno en el que el poder financiero está distribuido y no controlado por un solo gobierno o banco. Esta descentralización no es solo una palabra de moda; representa un cambio fundamental en cómo se crea, transfiere y almacena el valor. Criptomonedas como Bitcoin introdujeron al mundo la idea del dinero digital entre pares que funciona de manera independiente de los sistemas financieros tradicionales. Ethereum llevó esto aún más lejos al permitir que los desarrolladores construyan aplicaciones descentralizadas, abriendo nuevas posibilidades en finanzas, videojuegos, almacenamiento de datos y más. A medida que la innovación continúa, el cripto representa una oportunidad para invertir en la infraestructura del futuro.

Otra razón para considerar las criptomonedas es su perfil asimétrico de riesgo y recompensa. Aunque son altamente volátiles, han generado rendimientos exponenciales para los primeros inversionistas. En muchas inversiones tradicionales, el crecimiento suele ser limitado—las acciones pueden crecer entre un 8% y 10% anual, y los bienes raíces suelen apreciarse de forma moderada. Pero en el mundo cripto, no es raro que inversiones bien investigadas se dupliquen, tripliquen o incluso multipliquen por diez en pocos años, especialmente cuando se entra antes de la adopción masiva. Esto no significa que debas arriesgar todos tus ahorros, pero incluso una pequeña asignación estratégica puede tener un impacto significativo en tu portafolio.

La accesibilidad es otro factor clave. No necesitas una cuenta de corretaje, miles de dólares ni conexiones en Wall Street para comenzar. Con solo un teléfono inteligente y conexión a internet, cualquier persona en el mundo puede participar. Esto es especialmente poderoso para personas en países en desarrollo o comunidades con acceso limitado a servicios bancarios, donde los sistemas financieros tradicionales pueden ser ineficientes o inaccesibles. Las criptomonedas crean un campo de juego nivelado—todos tienen acceso a las mismas herramientas y oportunidades si están dispuestos a aprender.

La protección contra la inflación también se ha convertido en una razón importante para invertir en cripto. Los gobiernos han impreso grandes cantidades de dinero en los últimos años, lo que ha provocado devaluación de las monedas y aumento de precios. En contraste, Bitcoin tiene un suministro limitado—solo existirán 21 millones. Esto lo convierte en una cobertura contra la inflación, similar al oro digital. A medida que disminuye la confianza en las monedas fiduciarias, las criptomonedas ofrecen una alternativa descentralizada que no puede ser manipulada por una autoridad central.

Además, las criptomonedas atraen a quienes desean alinearse con tendencias tecnológicas emergentes. Así como los inversionistas del pasado apostaron por el internet, los teléfonos inteligentes o las redes sociales antes de su explosión, hoy los inversionistas en cripto están apoyando proyectos que podrían definir el futuro de las finanzas, la identidad digital, la propiedad y la interacción en línea. NFT, DeFi (finanzas descentralizadas), Web3 y la tokenización están creando nuevos mercados y oportunidades. Invertir en cripto es como invertir en el internet antes de que empresas como Google o Amazon dominaran el mercado—pero con una barrera de entrada mucho más baja.

Por supuesto, no todo es positivo. La volatilidad es alta, las estafas son comunes y la regulación aún está en desarrollo. Por eso la educación es fundamental. Los inversionistas que abordan este mercado con una mentalidad a largo plazo, diversificando adecuadamente y realizando una investigación profunda, tienen una gran ventaja sobre quienes siguen la moda o la especulación. El objetivo no es perseguir ganancias rápidas, sino sobrevivir a la volatilidad y crecer con el tiempo.

Invertir en criptomonedas también ofrece un beneficio psicológico poderoso: la soberanía financiera. Cuando posees criptomonedas, tienes control directo sobre tu dinero. No dependes de bancos ni de terceros. No estás sujeto a congelamientos de cuentas o cambios inesperados en políticas. Para muchos, este nivel de libertad financiera no tiene precio. Es un regreso a la idea original del dinero como una herramienta de independencia.

En resumen, las razones para invertir en criptomonedas están tanto en el presente como en el futuro. No se trata solo de obtener ganancias—se trata de participar en un movimiento que está redefiniendo el dinero, la confianza, la propiedad y el acceso financiero. Ya sea que busques crecimiento, diversificación o formar parte de una revolución tecnológica, las criptomonedas ofrecen una oportunidad única para quienes estén dispuestos a aprender y pensar a largo plazo.

En el siguiente capítulo, profundizaremos en los pasos fundamentales para prepararte como inversionista en criptomonedas—definir tus objetivos, entender tu perfil de riesgo y desarrollar la mentalidad adecuada para tener éxito.

La Historia de Jason

Todo comenzó con una simple pregunta: "¿Y si vuelvo a perder esta oportunidad?" Jason estaba sentado en su mesa de cocina, con la luz de la mañana entrando suavemente por la ventana. Su café se enfriaba mientras leía un artículo sobre una criptomoneda que había subido más de 3,000% en un año. Su mente no estaba dominada por la ambición, sino por el arrepentimiento. Años atrás, un amigo le había recomendado comprar Bitcoin cuando valía menos de $1,000. No lo hizo. En ese momento parecía absurdo. Ahora, no podía dejar de pensar en cómo sería su vida si hubiera invertido хотя fuera un poco.

Jason no era experto en finanzas ni en tecnología. Era maestro de escuela, disciplinado con su dinero y conservador con sus decisiones. Pero algo en el mundo cripto le llamó la atención. No era solo dinero—era cambio. Veía a sus estudiantes hablar de billeteras digitales y NFTs con entusiasmo. El mundo estaba avanzando, con o sin él.

Esa noche decidió aprender. Investigó, vio videos, escuchó podcasts. Aprendió que Bitcoin era una reserva de valor digital, que Ethereum era una plataforma para aplicaciones descentralizadas, y que el cripto representaba libertad y acceso. Pero también aprendió sobre riesgos, estafas y errores comunes.

En lugar de lanzarse sin pensar, creó un plan. Invirtió $50 por semana. Diversificó. Protegió sus cuentas. Aprendió a largo plazo. Su portafolio subía y bajaba, pero no entraba en pánico. Entendió que no se trataba de hacerse rico rápido, sino de posicionarse para el futuro.

Con el tiempo, empezó a compartir lo aprendido con otros. Incluso un padre de familia le agradeció por ayudar a su hijo a pensar en su futuro financiero. En ese momento, Jason comprendió que esto no era solo dinero—era transformación.

Ya no perseguía ganancias rápidas. Invertía en conocimiento, disciplina y crecimiento. Y para él, ese fue el mejor retorno posible.

Capítulo 2: Preparándote para el Éxito — Mentalidad, Riesgo y Planificación

Antes de invertir tu primer dólar en criptomonedas, es fundamental establecer una base sólida—comenzando por tu mentalidad, tu tolerancia al riesgo y tu plan de inversión. Demasiados principiantes entran al mercado con sueños de hacerse ricos de la noche a la mañana, solo para enfrentar caídas emocionales y financieras durante su primera corrección. La realidad es que invertir con éxito en criptomonedas no se trata de elegir la moneda perfecta ni de acertar el momento exacto del mercado—se trata de preparar tu mentalidad, controlar tus emociones y tener una estrategia que puedas seguir en cualquier condición del mercado.

Comencemos con la mentalidad. El mundo cripto es volátil, impredecible y emocionalmente intenso. Verás cómo tu portafolio sube y baja—algunas veces un 10% o más en un solo día. Si tu mentalidad está basada en el miedo o la codicia, terminarás tomando decisiones impulsivas: vendiendo en pánico en el peor momento o comprando en el punto más alto. Una mentalidad saludable entiende que invertir es un proceso a largo plazo. Debes pensar en años, no en días. Ve las caídas como oportunidades, no como desastres. Enfócate en aprender, no solo en ganar. Cada experiencia—buena o mala—es una lección que te acerca al dominio.

El siguiente paso es entender tu tolerancia personal al riesgo. Todos hablan de "alto riesgo, alta recompensa", pero pocos comprenden realmente qué significa el riesgo. La tolerancia al riesgo es tu capacidad y disposición para soportar pérdidas—tanto financieras como emocionales—sin abandonar tu estrategia. Si pierdes el sueño cuando tu inversión baja un 20%, probablemente estás demasiado expuesto. Las criptomonedas no son iguales para todos. Algunas personas pueden sentirse cómodas con un 20% de su patrimonio en cripto. Otras, solo con un 2%. Ambas opciones son válidas. Lo importante es alinear tu exposición con tu nivel de comodidad para poder mantenerte en el juego el tiempo suficiente para ganar.

Una vez que tienes clara tu mentalidad y tu perfil de riesgo, el siguiente paso es crear un plan de inversión. Comienza definiendo tus objetivos. ¿Estás invirtiendo para el retiro, la libertad financiera o simplemente para aprender? ¿Cuánto estás dispuesto a invertir cada semana o mes? ¿Utilizarás una inversión única o un promedio del costo en dólares (DCA)? ¿Cuánto tiempo planeas mantener tus inversiones—5 años, 10 años o más? Estas preguntas te ayudarán a crear una hoja de ruta y te protegerán del caos de los movimientos diarios del mercado. Sin un plan, es fácil dejarse llevar por la emoción y la especulación.

La diversificación es otro principio clave. No pongas todo tu dinero en una sola criptomoneda, sin importar cuánta confianza tengas. El mercado cripto se mueve rápido, y hasta los proyectos sólidos pueden caer o estancarse. Una estrategia inteligente es construir un portafolio diversificado que incluya una mezcla de monedas de gran capitalización (como Bitcoin y Ethereum), proyectos de capitalización media con buenos fundamentos y una pequeña parte en activos de alto riesgo y alta recompensa. Este equilibrio te permite aprovechar el crecimiento mientras reduces el riesgo.

También es importante entender la liquidez y la accesibilidad. Nunca inviertas dinero que no puedas permitirte perder o mantener invertido durante años. La vida pasa—surgen emergencias, gastos inesperados. Por eso es esencial contar con un fondo de emergencia antes de invertir seriamente en criptomonedas. Esto evita que tengas que vender tus activos con pérdidas cuando necesites dinero. La inversión en cripto debe complementar tu vida financiera, no complicarla.

La planificación también incluye la seguridad. Muchos nuevos inversionistas pierden dinero no por malas decisiones de inversión, sino por mala seguridad. Activa la autenticación de dos factores (2FA) en todas tus cuentas. Usa contraseñas seguras y únicas. Guarda tus frases de recuperación fuera de línea y en un lugar seguro. Si utilizas una billetera física, aprende a respaldarla correctamente. Si usas un exchange centralizado, entiende los riesgos de las billeteras custodiales. Dedicar unas horas a la seguridad puede ahorrarte pérdidas devastadoras en el futuro.

Por último, date permiso para evolucionar. Tu estrategia actual puede cambiar con el tiempo—y eso está bien. A medida que aprendas más, tu tolerancia al riesgo, tus objetivos y la estructura de tu portafolio pueden ajustarse. Lo importante es mantener la consistencia en tu proceso, seguir aprendiendo y tomar decisiones basadas en la lógica, no en las emociones.

En el mundo cripto, el mayor activo que tienes no son las monedas—es la mentalidad y la disciplina que aportas. El mercado siempre te pondrá a prueba. Tu preparación, paciencia y planificación son lo que te diferenciarán de la mayoría. Con una base sólida, estarás listo para construir un portafolio alineado con tus objetivos y tu futuro.

En el próximo capítulo, exploraremos las criptomonedas más importantes que deberías considerar para tu portafolio y cómo evaluar su potencial a largo plazo.

Cómo Amanda Superó sus Nervios al Invertir en Cripto

Amanda siempre había sido una persona organizada. Planificaba todo: sus compras, su calendario, sus finanzas. Cuando comenzó a interesarse por las criptomonedas, no se lanzó de inmediato—decidió crear un sistema. Había visto a otros ganar y perder dinero rápidamente, y sabía que esto no era algo para tomar a la ligera.

Una noche, después de leer sobre el crecimiento de la tecnología blockchain, decidió investigar seriamente. No iba a apostar. Iba a invertir—con disciplina. Primero evaluó su mentalidad. Aunque tenía una buena relación con el dinero, la volatilidad del mercado la ponía nerviosa. Se prometió no invertir en nada que no entendiera.

Comenzó a estudiar: videos, libros, foros. Aprendió que la volatilidad era normal y que la mentalidad lo era todo. Luego evaluó su tolerancia al riesgo. Tenía un fondo de emergencia, sin deudas y estabilidad financiera. Decidió asignar un 5% de sus inversiones a criptomonedas—lo suficiente para crecer, pero sin afectar su tranquilidad.

Después creó su plan. Optó por invertir $200 cada dos semanas utilizando DCA, distribuyendo entre Bitcoin,

Ethereum y un proyecto que investigó profundamente. Registró sus decisiones para mantenerse disciplinada.

Diversificó su portafolio cuidadosamente: 70% en Bitcoin y Ethereum, 20% en altcoins consolidadas y 10% en oportunidades de alto riesgo. También priorizó la seguridad—configuró 2FA, compró una billetera física y protegió sus claves.

Con el tiempo, dejó de reaccionar emocionalmente. Cuando el mercado caía, simplemente seguía su plan. Su confianza no venía de la suerte, sino de la preparación.

Meses después, no solo había mejorado sus inversiones—había transformado su mentalidad. Incluso empezó a enseñar a otros. Comprendió que el verdadero valor del cripto no era solo financiero, sino personal: disciplina, control y visión a largo plazo.

Amanda no se hizo rica de la noche a la mañana. Pero se convirtió en algo más valioso: una inversionista segura, disciplinada y preparada para el futuro.

Capítulo 3: Las Principales Criptomonedas que Debes Conocer y Por Qué

Comprender en qué criptomonedas invertir comienza por entender qué hacen realmente y por qué son importantes. El mundo cripto está lleno de miles de monedas, pero no todas merecen tu atención—ni tu dinero. En este capítulo, nos enfocaremos en las criptomonedas más importantes que todo principiante debe conocer y, más importante aún, por qué estos proyectos son fundamentales para el futuro del blockchain y la Web3.

Comencemos con Bitcoin (BTC). Conocido como oro digital, Bitcoin es la criptomoneda original y la más reconocida a nivel mundial. Fue creada en 2009 por una figura anónima llamada Satoshi Nakamoto, y su propósito principal es servir como una forma descentralizada de dinero digital entre pares. Lo que hace verdaderamente revolucionario a Bitcoin es su escasez—solo existirán 21 millones. Este límite lo convierte en una reserva de valor atractiva, especialmente en una era donde los bancos centrales imprimen dinero constantemente. Para muchos inversionistas, Bitcoin es la base esencial de cualquier portafolio cripto.

La siguiente es Ethereum (ETH), conocida como la computadora mundial. Mientras Bitcoin se enfoca en almacenar y transferir valor, Ethereum es una blockchain programable que permite crear contratos inteligentes y aplicaciones descentralizadas (dApps). Ethereum es más una plataforma que una moneda. Impulsa ecosistemas completos como DeFi, NFTs y DAOs. Además, está evolucionando hacia un modelo más eficiente llamado proof-of-stake, lo que mejora su escalabilidad y sostenibilidad. Para quienes creen en el futuro de la Web3, Ethereum es imprescindible.

Solana (SOL) es otro proyecto destacado, conocido por su velocidad y bajos costos de transacción. Mientras Ethereum ha enfrentado congestión y tarifas elevadas, Solana ofrece una alternativa escalable que ha atraído a desarrolladores de NFTs y DeFi. Aunque es más joven y volátil, su crecimiento y capacidad técnica la posicionan como una opción con alto potencial a largo plazo.

Chainlink (LINK) se enfoca en conectar el mundo real con el blockchain mediante oráculos descentralizados. Estos sistemas permiten que contratos inteligentes accedan a datos externos, como información climática o precios de mercado. A medida que aumentan los casos de uso reales del blockchain, la importancia de Chainlink seguirá creciendo. Es una pieza clave de infraestructura, aunque no siempre visible.

Polygon (MATIC) es una solución de escalabilidad para Ethereum que permite transacciones más rápidas y económicas. Ofrece a los desarrolladores la posibilidad de construir aplicaciones eficientes sin sacrificar la seguridad de Ethereum. Su adopción creciente lo convierte en una opción atractiva para inversionistas que creen en el ecosistema Ethereum.

Otras criptomonedas importantes incluyen Cardano (ADA), que se basa en investigación académica para crear una blockchain sostenible; Avalanche (AVAX), una plataforma rápida para contratos inteligentes; y Cosmos (ATOM), que permite la interoperabilidad entre diferentes blockchains. Cada uno de estos proyectos aporta valor único al ecosistema cripto.

Es importante recordar que no todas las criptomonedas populares son buenas inversiones. Muchas están impulsadas por la especulación y las tendencias temporales. Como principiante, debes enfocarte en la calidad, no en la cantidad. Busca proyectos con utilidad real, equipos sólidos, comunidades activas y una visión a largo plazo. No te dejes llevar por el precio—una moneda barata no significa mayor potencial. Analiza capitalización de mercado, adopción, asociaciones y el problema que resuelve.

Para evaluar una criptomoneda, hazte estas preguntas:

¿Qué problema resuelve?

¿Tiene un producto funcional o solo una idea?

¿Quién está detrás del proyecto?

¿Cuál es su plan a futuro?

¿Es segura y descentralizada?

¿Cómo funciona su tokenómica?

¿Qué tan activa es su comunidad?

Una buena inversión no se basa solo en el potencial, sino en la durabilidad. Las criptomonedas mencionadas han sobrevivido múltiples ciclos de mercado, lo que demuestra su resiliencia. Comienza con las principales y expande tu portafolio a medida que aumente tu conocimiento.

En el siguiente capítulo, aprenderás a construir un portafolio cripto ideal para principiantes utilizando estas monedas y otras que cumplan con tus criterios de inversión.

La Historia de Diego

Diego siempre había sido curioso. Pasó gran parte de sus veinte viajando y trabajando de forma remota, pero al acercarse a los treinta, sintió la necesidad de construir algo más estable. Una noche en Lisboa, escuchó un podcast sobre Bitcoin como oro digital, y algo cambió en su perspectiva.

Decidió tomarse el cripto en serio. Comenzó investigando Bitcoin y comprendió su valor como dinero descentralizado y escaso. Luego exploró Ethereum y vio su potencial como plataforma para una economía digital completa.

Más adelante descubrió Solana y quedó impresionado por su velocidad. Investigó Chainlink y entendió su papel en conectar datos del mundo real con contratos inteligentes. Luego encontró Polygon como solución a los altos costos de Ethereum.

Diego no se dejó llevar por la moda. Evaluó cada proyecto con criterios claros: utilidad, equipo, adopción y sostenibilidad. Evitó monedas especulativas y construyó un portafolio diversificado basado en convicción.

Con el tiempo, desarrolló confianza. Ya no reaccionaba al mercado—entendía sus inversiones. Cuando un amigo le preguntó si el cripto era solo una moda, Diego respondió: "No se trata de buscar ganancias rápidas. Se trata de ser parte del futuro."

Esa noche, caminando por la ciudad, Diego escuchaba otro podcast—pero ahora con una mentalidad diferente. Ya no era un espectador. Era un inversionista.

Crear un portafolio de criptomonedas [illegible] en un [illegible] esto también es donde muchos principiantes cometen [illegible] una estrategia [illegible] de mercado [illegible] de monedas sin [illegible] Un portafolio bien estructurado [illegible] potencial de [illegible] la estabilidad [illegible] inclusive en monedas volátiles.

El primer paso es definir tu estrategia de asignación. Esto significa decidir qué porcentaje de tu portafolio destinarás a diferentes categorías de criptomonedas, como monedas de gran capitalización, mediana capitalización, pequeña capitalización y stablecoins. Un ejemplo típico para principiantes podría ser:

[illegible] en monedas de gran capitalización como Bitcoin y Ethereum: son los activos más establecidos, líquidos y auditados, y deben ser la base de tu portafolio.

Capítulo 4: Construyendo tu Primer Portafolio de Criptomonedas — Asignación, Herramientas y Timing

Crear tu primer portafolio de criptomonedas es un paso emocionante en tu camino como inversionista. Pero también es donde muchos principiantes cometen sus mayores errores. Sin una estrategia clara, es fácil dejarse llevar por la moda, asumir demasiado riesgo o terminar con una colección desordenada de monedas sin coherencia. Un portafolio bien estructurado refleja tus objetivos, tu tolerancia al riesgo y tu horizonte de inversión. Equilibra el potencial de crecimiento con la estabilidad y te da un marco para tomar decisiones inteligentes, incluso en mercados volátiles.

El primer paso es definir tu estrategia de asignación. Esto significa decidir qué porcentaje de tu portafolio destinarás a diferentes categorías de criptomonedas, como monedas de gran capitalización, mediana capitalización, pequeña capitalización y stablecoins. Un ejemplo inicial para principiantes podría ser:

60% en monedas de gran capitalización como Bitcoin y Ethereum. Son los activos más establecidos, líquidos y adoptados, y deben ser la base de tu portafolio.

25% en monedas de mediana capitalización como Solana, Chainlink o Polygon. Tienen buen potencial de crecimiento, pero con mayor riesgo.

10% en proyectos de alto riesgo y alta recompensa, generalmente más nuevos.

5% en stablecoins como USDC o USDT, que están vinculadas al dólar y sirven como liquidez para aprovechar oportunidades.

Este es solo un modelo base. Puedes ajustarlo según tus objetivos. Si eres conservador, podrías asignar más a Bitcoin y Ethereum. Si eres agresivo, podrías aumentar la exposición a proyectos más pequeños. Lo importante es definir una estructura y mantenerla sin dejar que las emociones la cambien constantemente.

El siguiente punto clave es el timing de inversión. Una de las estrategias más efectivas es el promedio del costo en dólares (DCA). En lugar de intentar adivinar el mejor momento para invertir, colocas una cantidad fija de dinero de forma periódica—por ejemplo, $50 por semana. Esto reduce el impacto de la volatilidad, mejora tu precio promedio y elimina la emoción del proceso. Si el precio baja, compras más. Si sube, sigues acumulando. Es una estrategia ideal para principiantes.

Ahora hablemos de las herramientas esenciales para gestionar tu portafolio:

Billeteras — Usa una combinación de billeteras calientes (apps como MetaMask o Trust Wallet) y billeteras frías (como Ledger o Trezor). Las calientes son prácticas para uso diario, mientras que las frías son ideales para almacenamiento seguro a largo plazo.

Exchanges — Utiliza plataformas confiables como Coinbase, Kraken o Binance para comprar criptomonedas. Para operaciones descentralizadas, aprende a usar Uniswap o PancakeSwap. Siempre verifica las páginas y activa la autenticación en dos factores.

Seguimiento de portafolio — Apps como CoinStats, CoinGecko o Delta te permiten monitorear tu inversión en tiempo real y evaluar tu rendimiento.

Seguridad — Usa gestores de contraseñas, evita redes Wi-Fi públicas y guarda tus frases de recuperación fuera de línea. Nunca las almacenes en correos o en la nube.

Investigación — Utiliza plataformas como CoinMarketCap o Messari para analizar datos y tendencias. Mantente informado con contenido educativo confiable.

Un paso importante es definir estrategias de salida. ¿Cuándo tomarás ganancias? ¿Venderás una parte cuando tu inversión se duplique? ¿Rebalancearás tu portafolio periódicamente? Tener un plan evita decisiones impulsivas cuando el mercado sube o baja rápidamente.

También debes considerar tu horizonte de inversión. Si estás invirtiendo a 5–10 años, no te dejes afectar por la volatilidad a corto plazo. Permite que el crecimiento compuesto haga su trabajo. Sin embargo, revisa tu portafolio cada cierto tiempo para adaptarte a cambios importantes en el mercado o en la tecnología.

Por último, lleva un registro. Documenta tus decisiones, aprendizajes y emociones. Esto te ayudará a mejorar como inversionista y a tomar decisiones más inteligentes en el futuro.

En el próximo capítulo, aprenderás cómo almacenar y proteger tus criptomonedas de forma segura—porque no importa cuánto ganes si no puedes protegerlo.

Cómo Malik Invirtió Inteligentemente en Cripto

Malik siempre había sido organizado con sus finanzas. Como diseñador freelance, llevaba un control detallado de sus ingresos y gastos. Pero invertir siempre le había parecido complicado—hasta que descubrió que el cripto podía abordarse con estructura.

Decidió construir su primer portafolio con un enfoque claro. Usó una asignación simple: 60% en Bitcoin y Ethereum, 25% en proyectos sólidos de crecimiento, 10% en oportunidades más arriesgadas y 5% en stablecoins.

Para reducir el riesgo, no invirtió todo de una vez. Configuró compras automáticas de $100 por semana. Esto le permitió construir su portafolio sin preocuparse por el momento exacto del mercado.

También aprendió a usar herramientas. Utilizó Trust Wallet para acceso rápido y una billetera física para almacenamiento seguro. Usó CoinGecko y Delta para monitorear su portafolio y mantenerse informado sin obsesionarse.

Cuando uno de sus activos duplicó su valor rápidamente, sintió la emoción de vender todo. Pero recordó su plan: tomar ganancias parciales. Vendió una parte y protegió su capital. Días después, el precio cayó, validando su disciplina.

Con el tiempo, Malik refinó su estrategia y comenzó a ayudar a otros. Entendió que invertir no era apostar, sino construir un sistema.

Ya no veía el mercado con miedo. Tenía un plan, herramientas y disciplina. Y comprendió algo clave: esto no era suerte. Era construcción a largo plazo.

Capítulo 5: Almacenamiento y Seguridad de tus Criptomonedas — Billeteras, Claves y Prácticas de Seguridad

Una vez que compras tus primeras criptomonedas, la decisión más importante que tomarás no es qué comprar—sino cómo almacenarlas de forma segura. El mundo cripto funciona de manera diferente a la banca tradicional. Tú eres tu propio banco, lo que significa que eres responsable de proteger tus fondos. Si pierdes tus claves, caes en un ataque de phishing o dejas tus activos en un exchange vulnerable, nadie podrá recuperarlos por ti. Entender las billeteras, las claves y las prácticas de seguridad es esencial para cualquier inversionista responsable.

Existen dos tipos principales de billeteras: billeteras calientes y billeteras frías.

Las billeteras calientes están conectadas a internet. Son convenientes, fáciles de usar y perfectas para principiantes o transacciones frecuentes. Ejemplos incluyen aplicaciones como MetaMask, Trust Wallet o Coinbase Wallet. Sin embargo, al estar en línea, son más vulnerables a ataques, malware o phishing. Son como el dinero en tu bolsillo—accesibles, pero no ideales para guardar grandes cantidades.

Las billeteras frías, en cambio, están fuera de línea. Incluyen dispositivos físicos como Ledger o Trezor. En estas, tus claves privadas nunca se exponen a internet, lo que aumenta significativamente la seguridad. Son ideales para almacenamiento a largo plazo o grandes cantidades. Si te tomas en serio proteger tu inversión, una billetera fría es prácticamente obligatoria.

Cada billetera incluye una clave privada o frase semilla (generalmente de 12 a 24 palabras). Esta es la parte más importante de tu seguridad. Es la llave maestra que da acceso completo a tus fondos. Si alguien la obtiene, puede vaciar tu billetera. Si la pierdes, no hay forma de recuperar tus activos. Nunca la guardes en tu computadora, teléfono o nube. Escríbela en papel y guárdala en un lugar seguro, resistente al fuego y al agua.

También es clave entender la diferencia entre billeteras custodiales y no custodiales.

Cuando mantienes criptomonedas en un exchange como Coinbase o Binance, estás usando una billetera custodial. Esto significa que el exchange controla tus claves. Es conveniente, pero no tienes control total. Si la plataforma es hackeada o bloquea retiros, puedes perder acceso a tus fondos. La regla es simple: "Si no tienes tus claves, no tienes tus monedas."

Las billeteras no custodiales, como MetaMask o una billetera física, te dan control total. Tú posees tus claves y tus fondos. Esto implica más responsabilidad, por lo que es recomendable comenzar con pequeñas cantidades hasta sentirte seguro.

Buenas prácticas esenciales de seguridad:

Activa la autenticación de dos factores (2FA) en todas tus cuentas.
No hagas clic en enlaces sospechosos ni abras archivos desconocidos.
Verifica siempre las URLs antes de iniciar sesión.
Usa contraseñas únicas y complejas con un gestor de contraseñas.
Nunca compartas tu frase semilla con nadie.
Considera usar un dispositivo dedicado para tus actividades cripto.
Ten cuidado con extensiones de navegador que puedan ser maliciosas.

También puedes considerar billeteras multifirma, que requieren múltiples aprobaciones para mover fondos, añadiendo una capa adicional de seguridad para grandes inversiones o cuentas compartidas.

En el mundo DeFi, donde interactúas con contratos inteligentes, debes revisar y revocar permisos regularmente. Algunas aplicaciones pueden tener acceso continuo a tus tokens si no gestionas estas autorizaciones correctamente.

Antes de transferir grandes cantidades, realiza siempre una transacción de prueba. Verifica que todo funcione correctamente antes de enviar el monto completo. Además, lleva un registro de todas tus operaciones.

En resumen, la seguridad en criptomonedas no es opcional—es esencial. Tener control sobre tus activos implica responsabilidad total. Proteger tus fondos es proteger tu futuro.

En el próximo capítulo, exploraremos estrategias de inversión en criptomonedas—cómo identificar oportunidades, navegar ciclos de mercado y hacer crecer tu portafolio de forma inteligente.

La Historia de Sophia y MetaMask

Sophia siempre se consideró experta en tecnología. Trabajaba en soporte IT y entendía la seguridad digital. Pero cuando compró criptomonedas, se dio cuenta de que proteger su propio dinero era diferente. Era más personal—y más arriesgado.

Al principio, dejó sus fondos en un exchange. Pero tras leer sobre un hackeo, decidió tomar control. Descargó MetaMask y configuró su billetera. Cuando vio su frase semilla, entendió la responsabilidad que tenía.

Luego compró una billetera física Ledger. Hizo una transferencia de prueba antes de mover todo su dinero. Al ver sus fondos seguros, sintió control total sobre su dinero.

También mejoró su seguridad digital: creó un correo exclusivo para cripto, activó 2FA y usó un entorno seguro para sus operaciones. Practicó escenarios de emergencia y preparó planes de recuperación.

Incluso ayudó a su hermano a evitar estafas, enseñándole reglas básicas de seguridad. A medida que avanzó en DeFi, aprendió a gestionar permisos y monitorear su actividad.

Con el tiempo, Sophia entendió que la seguridad no es una acción única—es una mentalidad. Y gracias a ello, no solo protegió su dinero, sino que desarrolló una disciplina que transformó su forma de ver el mundo digital.

Capítulo 6: Estrategias de Inversión: Timing del Mercado, HODL y Toma de Ganancias

Invertir en criptomonedas sin una estrategia es como navegar sin brújula—puedes aprovechar el viento, pero eventualmente te desviarás del rumbo. En el mundo cripto, donde la volatilidad es la norma y las emociones están al máximo, tener un enfoque claro y probado es tu mejor defensa contra decisiones impulsivas y costosas. Este capítulo explora tres estrategias esenciales que todo principiante debe comprender: el timing del mercado, el HODL a largo plazo y la toma de ganancias.

Comencemos con la idea del timing del mercado. El objetivo del timing es simple en teoría: comprar barato y vender caro. Pero en la práctica, es extremadamente difícil—incluso para los profesionales. Los mercados cripto son irracionales, se mueven rápidamente y están impulsados en gran parte por el sentimiento. Hay mercados alcistas donde los precios se disparan y domina la euforia, y mercados bajistas donde el pánico y la incertidumbre predominan. Intentar predecir los máximos y mínimos exactos puede llevar a la parálisis por análisis o, peor aún, a comprar caro y vender barato.

Dicho esto, sí es posible observar ciclos del mercado y tomar decisiones más inteligentes basadas en patrones. Por ejemplo, Bitcoin y la mayoría del mercado cripto tienden a seguir un ciclo de cuatro años vinculado al evento del halving de Bitcoin. Los precios suelen subir antes del halving y alcanzar su punto máximo aproximadamente un año después. Reconocer este patrón no garantiza el éxito, pero puede ayudar a tomar mejores decisiones de entrada y salida. Aun así, el enfoque más seguro para la mayoría de los inversionistas no es intentar predecir el mercado con precisión, sino usar el promedio del costo en dólares (DCA)—invertir pequeñas cantidades de forma constante sin importar las condiciones del mercado para suavizar el precio de entrada.

Ahora hablemos del HODL—un término popular en el mundo cripto que nació de una palabra mal escrita ("hold") en un foro y evolucionó hasta convertirse en una filosofía de inversión: "Hold On for Dear Life" (mantener con todas tus fuerzas). HODL significa comprometerse con la inversión a largo plazo sin importar la volatilidad a corto plazo. Se trata de entender el valor de tus activos y creer en su potencial a largo plazo, incluso durante caídas del 70% o fuertes desplomes del mercado. Los inversionistas que mantuvieron Bitcoin desde $100 hasta $1,000, luego $10,000 y $60,000 vivieron grandes fluctuaciones, pero la convicción a largo plazo dio sus frutos.

El HODL funciona mejor cuando:

- Inviertes en proyectos con fundamentos sólidos.
- Tienes una tesis clara de hacia dónde va el mercado.
- No necesitas el dinero a corto plazo.
- Estás preparado emocional y financieramente para la volatilidad del mercado.

Sin embargo, HODL no significa nunca vender. Ahí entra la tercera estrategia: la toma de ganancias. Muchos principiantes cometen el error de dejar correr las ganancias hasta el final—y luego verlas desaparecer. Una buena estrategia incluye reglas claras de toma de beneficios. Por ejemplo, puedes vender entre un 20% y 30% de una posición cuando se duplica o triplica su valor. Esto te permite recuperar tu inversión inicial y dejar el resto “sin riesgo”. También puedes tomar ganancias por etapas: al 100%, 200% y 400% de ganancia.

También debes considerar el reequilibrio. Si un activo crece demasiado dentro de tu portafolio (por ejemplo, llega a representar el 50%), puedes vender una parte y redistribuirlo en otros activos o stablecoins. Esto mantiene tu portafolio alineado con tus objetivos y reduce el riesgo de sobreexposición.

Las ganancias pueden convertirse en:

- Stablecoins como USDC para generar rendimiento o esperar oportunidades de compra.
- Efectivo (fiat) si necesitas liquidez o quieres asegurar beneficios.
- Otras criptomonedas si estás rotando capital hacia activos subvaluados.

También es inteligente rastrear tu retorno de inversión (ROI) y establecer metas personales. Por ejemplo, si tu objetivo es crecer tu portafolio un 300% en 5 años, puedes tomar ganancias en hitos clave para asegurar resultados. Usa hojas de cálculo o aplicaciones de portafolio para seguir tu costo, objetivos y salidas.

Finalmente, uno de los conceptos más importantes en la estrategia es la disciplina emocional. No puedes ejecutar un plan en el que no confías. Define tu estrategia antes de que lleguen las emociones. Establece reglas y cúmplelas—especialmente cuando el mercado está en euforia o pánico. El cripto es un juego de convicción, no de reacción.

En el próximo capítulo exploraremos temas avanzados como staking, yield farming y cómo generar ingresos pasivos con tus criptomonedas mientras gestionas los riesgos asociados.

Ahora hablemos de Ethan

Ethan nunca fue una persona impulsiva. Como ingeniero, siempre confió en la estructura, las hojas de cálculo y los sistemas lógicos. Pero al invertir en cripto, se dio cuenta rápidamente de que la lógica no siempre domina el mercado. Los precios subían y bajaban como una montaña rusa, las redes sociales estaban llenas de predicciones extremas y las noticias podían mover el mercado un 30% en horas.

Todo comenzó cuando vio una moneda que seguía subir sin que él hubiera entrado porque estaba esperando una "mejor entrada". Luego, otra inversión impulsada por hype cayó un 60%. Se dio cuenta de que estaba atrapado entre el miedo a perder oportunidades y el miedo a perder dinero. No era sostenible.

Así que hizo lo que siempre hacía cuando algo era complejo: creó un sistema. Escribió tres palabras en una pizarra: Timing. HODL. Ganancias.

Para el timing, estudió ciclos de mercado y decidió usar DCA en lugar de intentar adivinar el mejor momento. Cada viernes invertía una cantidad fija sin importar el precio. Con el tiempo, su costo promedio se estabilizó y su estrés disminuyó.

Luego eligió proyectos sólidos como Bitcoin, Ethereum, Solana y Chainlink para mantener a largo plazo. Los guardó en una "bóveda HODL" y se comprometió a no tocarlos sin importar las noticias.

Cuando el mercado cayó un 40%, no entró en pánico. Siguió su plan. Añadió más posiciones y mantuvo la calma porque estaba preparado.

También definió reglas claras de toma de ganancias: vender un 25% cuando una posición se duplicaba y otro 25% cuando se triplicaba. Así recuperaba su inversión inicial y dejaba correr el resto sin riesgo emocional.

Con el tiempo, creó alertas, hojas de cálculo codificadas por colores y un diario de decisiones. Cada movimiento era intencional, no emocional.

Cuando un amigo le preguntó cómo sabía cuándo vender, Ethan respondió: "No siempre lo sabes. Por eso lo decides antes. El plan te protege de ti mismo."

Ethan no se hizo rico de la noche a la mañana, pero ganó algo más valioso: claridad, disciplina y control sobre sus decisiones financieras.

Capítulo 7: Staking, Yield Farming y Generar Ingresos Pasivos con Criptomonedas

Una de las partes más emocionantes del mundo cripto es la posibilidad de generar ingresos pasivos con tus activos. A diferencia de los activos tradicionales, donde los ingresos suelen depender de dividendos o gestión activa, en cripto puedes poner tus monedas a trabajar a través de staking, yield farming, lending y otras estrategias de finanzas descentralizadas (DeFi). Bien utilizadas, estas herramientas te permiten aumentar tu patrimonio sin vender tus criptomonedas, aunque también implican riesgos importantes que debes comprender.

Comencemos con el staking, la forma más sencilla para principiantes de generar ingresos pasivos. El staking consiste en bloquear tus criptomonedas para ayudar a mantener el funcionamiento de una red blockchain que utiliza un sistema de Prueba de Participación (Proof of Stake), como Ethereum 2.0, Cardano (ADA), Solana (SOL) y Polkadot (DOT). A cambio, recibes recompensas en forma del mismo token, similares a intereses.

Existen dos formas principales de staking:

- **Staking directo**, donde operas un nodo validador propio (requiere conocimientos técnicos y capital mínimo elevado).
- **Staking delegado**, donde asignas tus tokens a un validador a través de un exchange o billetera, lo cual es mucho más simple para principiantes.

Plataformas como Coinbase, Binance o Kraken permiten obtener rendimientos aproximados del 4% al 10% anual, dependiendo del activo. Las recompensas se pagan automáticamente y pueden capitalizarse con el tiempo.

El siguiente nivel es el yield farming, una estrategia más avanzada y con mayor riesgo. Consiste en aportar liquidez a protocolos DeFi como Uniswap, PancakeSwap o Aave. Al hacerlo, ayudas a facilitar transacciones dentro del sistema y recibes comisiones y recompensas adicionales.

Por ejemplo, al aportar ETH y USDC a un pool de liquidez, ganas una parte de las comisiones generadas por los intercambios. Algunos protocolos también ofrecen tokens adicionales como incentivo.

Sin embargo, el yield farming implica riesgos importantes:

- **Pérdida impermanente**, cuando el valor de tus activos cambia en comparación con mantenerlos.

- **Vulnerabilidades en contratos inteligentes**, que pueden ser explotadas.
- **Rug pulls**, donde los desarrolladores abandonan el proyecto.
- **Alta volatilidad de recompensas**, que pueden perder valor rápidamente.

Una alternativa más conservadora es el lending de criptomonedas, donde prestas tus activos en plataformas como Aave o Compound a cambio de intereses. Estos préstamos suelen estar sobrecolateralizados, lo que reduce el riesgo, aunque no lo elimina por completo.

Antes de participar en estas estrategias, debes preguntarte:

- ¿De dónde proviene el rendimiento?
- ¿La plataforma es confiable y auditada?
- ¿Cuáles son los riesgos reales?
- ¿El retorno justifica el riesgo?

Siempre comienza con pequeñas cantidades y evita bloquear fondos que puedas necesitar en emergencias. En general, el staking es más seguro que el yield farming, aunque con menores rendimientos.

También es fundamental hacer seguimiento de tus inversiones usando herramientas como Zapper, DeBank o APY dashboards, para monitorear tus posiciones y recompensas.

En resumen, los ingresos pasivos en cripto pueden ser poderosos si se tratan como un negocio y no como un juego de azar. Debes entender qué hace tu dinero, dónde está y cómo gestionarlo.

En el próximo capítulo exploraremos impuestos, regulación y cumplimiento legal en criptomonedas—porque proteger tu riqueza es tan importante como generarla.

Jasmine aprende staking

Jasmine siempre soñó con generar ingresos pasivos. Como maestra y madre soltera, su tiempo era limitado, así que la idea de ganar dinero mientras dormía le parecía ideal. Cuando descubrió el staking, pensó que era como una cuenta de ahorro de alto rendimiento dentro del mundo cripto.

Comenzó con Ethereum y Cardano. Al activar el staking en su billetera, vio cómo sus recompensas empezaban a crecer lentamente. No era mucho, pero era real: sus activos estaban generando ingresos sin esfuerzo activo.

Luego exploró Solana y Polkadot, aprendiendo sobre validadores y redes. Entendió que no era solo inversión, sino participación en la infraestructura del sistema.

Más adelante probó el yield farming con una pequeña cantidad en un pool de liquidez. Aunque al principio parecía complejo, se tomó el tiempo de aprender antes de arriesgar más capital.

Con el tiempo, Jasmine desarrolló disciplina. Evitaba promesas irreales de altos rendimientos y siempre investigaba la sostenibilidad de los proyectos.

También priorizó la seguridad: usó billeteras frías, separó fondos para DeFi y revisaba permisos regularmente. Documentaba todo en un diario de inversión.

Su progreso no fue rápido, pero fue constante. Más importante aún, le dio control y confianza sobre su futuro financiero.

Para Jasmine, el cripto no fue una apuesta—fue una herramienta para construir estabilidad en medio de una vida ocupada.

Capítulo 8: Impuestos, Reportes y Fundamentos Legales en Criptomonedas

Entender las implicaciones fiscales y legales de tus inversiones en criptomonedas es tan importante como elegir las monedas correctas. Muchos principiantes ignoran este tema—hasta que reciben una notificación inesperada de la autoridad fiscal. Las criptomonedas pueden ser descentralizadas, pero las leyes fiscales no lo son. Ya sea que estés ganando, comerciando, haciendo staking o simplemente manteniendo activos, debes cumplir con las regulaciones para evitar sanciones costosas y asegurar el éxito a largo plazo.

Comencemos con lo básico: las criptomonedas son gravables. En la mayoría de los países, incluyendo Estados Unidos, Reino Unido y Canadá, las criptomonedas se tratan como propiedad, no como moneda. Esto significa que cada vez que vendes, intercambias o utilizas criptomonedas para comprar bienes o servicios, se genera un evento fiscal. La diferencia entre el precio de compra y el de venta se considera ganancia o pérdida de capital.

Los eventos fiscales más comunes incluyen:

- Vender criptomonedas por dinero fiat (USD, EUR, etc.)

- Intercambiar una criptomoneda por otra
- Usar cripto para pagar bienes o servicios
- Recibir cripto como ingreso (staking, airdrops o trabajo freelance)

Los eventos no gravables suelen incluir:

- Comprar y mantener criptomonedas
- Transferir activos entre tus propias billeteras
- Mover fondos entre exchanges que controlas

Ahora hablemos de las ganancias de capital. Si vendes con ganancia, tienes una ganancia de capital. Si vendes con pérdida, puedes declarar una pérdida. El tiempo que mantuviste el activo importa:

- Corto plazo: menos de un año (impuestos más altos)
- Largo plazo: más de un año (impuestos más bajos en muchos países)

También existe el impuesto sobre ingresos cuando ganas cripto a través de:

- Staking
- Yield farming
- Airdrops
- Pagos por trabajo en cripto

Llevar registros es esencial. Debes documentar: fechas, cantidades, valores en moneda fiat, comisiones y direcciones de wallets.

Afortunadamente, existen herramientas como Koinly, CoinTracker o TokenTax que automatizan gran parte del proceso conectando tus exchanges y wallets para generar reportes fiscales.

En Estados Unidos, debes prestar atención al Formulario 8949 del IRS para ganancias de capital y al Anexo D. Además, el IRS ahora pregunta directamente si realizaste actividades con criptomonedas. Responder incorrectamente puede considerarse fraude fiscal.

A nivel internacional, cada país tiene reglas diferentes. Algunos tienen políticas favorables, mientras otros imponen regulaciones estrictas. No declarar ingresos cripto puede tener consecuencias serias.

Buenas prácticas importantes incluyen:

- Usar sistemas de registro desde el primer día
- Guardar historial de transacciones
- Separar cuentas y correos para actividad cripto
- Consultar a un asesor fiscal especializado en cripto

Errores comunes a evitar:

- Pensar que el cripto es anónimo e imposible de rastrear
- Creer que los intercambios entre criptos no son gravables
- No declarar ingresos pequeños de staking o airdrops

Cumplir con impuestos puede parecer complejo, pero con las herramientas adecuadas se vuelve manejable. Es mucho mejor estar organizado desde el principio que enfrentar problemas después.

En el próximo capítulo exploraremos cómo identificar estafas, protegerte del fraude y evitar los errores más comunes que afectan a los principiantes.

La historia de Marco y la sorpresa fiscal en cripto

Marco siempre fue una persona organizada y disciplinada con sus finanzas. Pero cuando empezó a invertir en criptomonedas, subestimó la complejidad de los impuestos.

Vendió Ethereum con ganancia, intercambió tokens y realizó múltiples operaciones sin pensar en las implicaciones fiscales. Luego descubrió que cada intercambio podía ser un evento gravable.

Al investigar más, entendió que staking, airdrops y DeFi también generaban obligaciones fiscales. Esto lo llevó a crear un sistema de control detallado.

Se registró en una plataforma de impuestos cripto y conectó sus wallets. Por primera vez, pudo ver todas sus transacciones organizadas.

También consultó a un contador especializado, quien le ayudó a entender ganancias de capital, pérdidas y reportes obligatorios.

Marco implementó hábitos nuevos: registro mensual, etiquetado de transacciones y planificación fiscal anticipada.

Con el tiempo, no solo evitó problemas fiscales, sino que ayudó a otros a entender el sistema.

Al final, comprendió que invertir en cripto no es solo sobre ganancias—también es sobre responsabilidad y cumplimiento.

Capítulo 9: Evitando Estafas, Errores y Trampas de la Inversión Emocional

El mundo de las criptomonedas está lleno de oportunidades—pero también de trampas. Estafas, desencadenantes emocionales y errores costosos han arruinado a muchos principiantes que entraron demasiado rápido o confiaron en las personas equivocadas. Para tener éxito en cripto, no basta con entender gráficos y monedas—también debes aprender a protegerte del engaño, de las malas decisiones y de tus propias emociones.

Comencemos con las estafas, que vienen en muchas formas. Las más comunes incluyen:

- **Estafas de phishing**, donde te engañan para que entregues tus claves privadas o frases semilla mediante sitios web, correos o mensajes falsos.
- **Rug pulls**, donde los creadores de un proyecto desaparecen con los fondos de los inversores.
- **Esquemas pump-and-dump**, donde un token es inflado artificialmente con hype y luego vendido masivamente.
- **Falsos sorteos**, donde prometen duplicar tu cripto si la envías primero.

- **Impostores y soporte falso**, especialmente en Telegram o Discord, que intentan "ayudarte" para robar tus fondos.

Para protegerte:

- Nunca compartas tu frase semilla o claves privadas.
- Guarda los sitios oficiales en marcadores.
- Usa autenticación de dos factores (2FA).
- Evita enlaces sospechosos.
- Investiga siempre los proyectos.

Herramientas como RugDoc, TokenSniffer o Dextools pueden ayudarte a analizar proyectos antes de invertir.

Ahora, errores comunes de principiantes:

- Sobreoperar sin estrategia.
- Invertir por FOMO (miedo a quedarse fuera).
- Ignorar comisiones y costos de red.
- Apostar todo a una sola moneda.
- Invertir más de lo que puedes permitirte perder.

La inversión emocional es una de las trampas más peligrosas. El miedo y la codicia dominan muchas decisiones:

- La codicia lleva a perseguir ganancias irreales.
- El miedo lleva a vender en el peor momento.

Para evitarlo:

- Escribe tu estrategia antes de invertir.
- Usa DCA (inversión periódica).
- Toma ganancias de forma gradual.
- Sigue tu plan, no a la multitud.

También debes tener cuidado con las redes sociales. Twitter, TikTok y Telegram están llenos de información útil, pero también de hype y desinformación. Nunca tomes decisiones solo por influencers o tendencias virales.

Invertir con éxito no se trata de ser perfecto, sino de evitar errores grandes, mantener la calma y seguir un proceso disciplinado.

En el capítulo final, veremos cómo construir un plan sostenible de creación de riqueza en cripto que se adapte a tus objetivos y estilo de vida.

La historia de Lena

Lena era una aprendiz rápida, pero el mundo cripto la puso a prueba. Empezó con entusiasmo cuando su inversión inicial creció rápidamente, pero pronto se dejó llevar por el hype y la emoción.

Entró en proyectos promocionados como "la próxima gran oportunidad" sin investigar adecuadamente. Uno de ellos resultó ser un rug pull, y perdió gran parte de su inversión.

Ese error la obligó a detenerse y aprender. Estudió seguridad, estafas y buenas prácticas. Corrigió sus hábitos y mejoró su protección digital.

Luego creó una lista de verificación antes de invertir: equipo del proyecto, auditorías, liquidez y transparencia. Nunca volvió a invertir sin análisis previo.

También aprendió a controlar sus emociones. Durante caídas del mercado, dejó de reaccionar impulsivamente y comenzó a seguir un plan estructurado con DCA.

Con el tiempo, empezó a tomar ganancias de forma disciplinada y a escribir sus decisiones en un diario.

Su portafolio creció lentamente, pero de forma constante. Más importante aún, desarrolló confianza, disciplina y claridad.

Lena no evitó todos los errores—pero aprendió de ellos. Y eso la convirtió en una verdadera inversionista.

Capítulo 10: Creando tu Plan de Riqueza Cripto a Largo Plazo

Ahora que entiendes los fundamentos de la inversión en criptomonedas—cómo comprar, almacenar, hacer crecer, proteger y gestionar tus activos—es momento de construir algo aún más poderoso: un plan de riqueza cripto a largo plazo. El objetivo no es solo ganar dinero, sino crear una riqueza sostenible que cambie tu vida. Ya sea que empieces con $100 o $100,000, este capítulo te ayudará a diseñar un camino claro basado en tus metas, estilo de vida y tolerancia al riesgo.

Comienza con una visión. ¿Cómo se ve la libertad financiera para ti? Para algunos, significa jubilarse temprano. Para otros, pagar deudas, viajar, apoyar a su familia o tener tranquilidad financiera. Define qué estás buscando: no solo una cifra, sino una vida, una emoción y un horizonte de tiempo. Esa claridad guiará cada decisión que tomes.

Luego construye tu portafolio principal. Debe ser consistente y estructurado. Un ejemplo básico sería:

- 60% en activos a largo plazo (Bitcoin, Ethereum)
- 25% en proyectos de crecimiento
- 10% en staking o plataformas de rendimiento
- 5% en stablecoins para liquidez y emergencias

Revisa tu portafolio cada trimestre, pero evita el sobretrading. Solo rebalancea cuando los activos se desvíen significativamente de tu plan original.

Define una estrategia de crecimiento de riqueza. ¿Invertirás mensualmente? ¿Reinvertirás recompensas de staking? ¿Tomarás ganancias para moverlas a otros activos como bienes raíces o inversiones tradicionales? El objetivo es que el dinero siga trabajando para ti.

También necesitas estrategias de salida. Los mercados cripto son altamente volátiles y los ciclos alcistas no duran para siempre. Planifica cuándo tomarás ganancias y hacia dónde moverás ese capital:

- Convertir a efectivo
- Pasarlo a stablecoins con rendimiento
- Reinvertir en activos más seguros
- Financiar objetivos personales importantes

La gestión del riesgo es esencial. No inviertas más de lo que puedes permitirte perder. Diversifica fuera del cripto con el tiempo y mantén un fondo de emergencia separado. El cripto debe ser una parte de tu estrategia financiera, no todo el sistema.

No olvides los impuestos. Aprende cómo tu país trata ganancias, staking e ingresos DeFi. Usa herramientas de seguimiento durante todo el año.

También considera la planificación patrimonial. ¿Qué pasará con tus activos si algo te ocurre? Asegúrate de que alguien de confianza pueda acceder a ellos.

Ahora resume todo en un **Crypto Wealth Blueprint**:

- Tu objetivo financiero
- Asignación de portafolio
- Estrategia de inversión (DCA)
- Estrategias de ingresos pasivos
- Plan de toma de ganancias
- Seguridad y almacenamiento
- Impuestos y herencia

Revísalo cada trimestre y cúmplelo. Un plan escrito elimina las emociones y te mantiene disciplinado en cualquier ciclo del mercado.

Finalmente, adopta una mentalidad de riqueza: paciencia, visión a largo plazo y aprendizaje constante. El mercado pondrá a prueba tu disciplina, pero quienes se mantengan consistentes serán quienes construyan libertad real.

En la sección final, cerraremos el libro con una reflexión poderosa y tu hoja de ruta personal hacia el éxito en la economía digital.

La historia de Raj y su Crypto Wealth Blueprint

Raj siempre fue un planificador a largo plazo. Como ingeniero, pensaba en sistemas que debían funcionar durante años. Por eso, cuando entró en cripto, no buscaba ganancias rápidas—buscaba estructura.

Comenzó invirtiendo poco en Bitcoin y Ethereum, pero pronto decidió crear un plan formal. Abrió un cuaderno y escribió: “Crypto Wealth Blueprint”.

Definió su visión: libertad financiera para dejar su trabajo en 10 años y tener más tiempo para su familia. Estableció una meta clara y alcanzable.

Luego estructuró su portafolio:

- 60% en Bitcoin y Ethereum
- 20% en proyectos emergentes
- 10% en staking
- 5% en stablecoins
- 5% en experimentos de alto riesgo

Cada dos semanas invertía de forma disciplinada usando DCA. Registraba cada decisión y mantenía control total de su estrategia.

Cuando un activo se multiplicaba, tomaba ganancias parciales y redistribuía capital estratégicamente.

También construyó un sistema de ingresos pasivos con staking y DeFi, reinvirtiendo automáticamente las ganancias.

Además, estableció reglas claras de salida en múltiples niveles para proteger sus beneficios.

Raj incluso planificó su herencia digital y seguridad de activos, asegurando que su familia pudiera acceder a sus fondos si algo le pasaba.

Con el tiempo, su portafolio creció, pero más importante aún, su claridad y disciplina se fortalecieron.

Raj no solo estaba invirtiendo en criptomonedas—estaba construyendo libertad.

Epílogo: Tu Viaje Comienza Ahora

Has llegado muy lejos. Desde los fundamentos de Bitcoin y Ethereum hasta las billeteras, la seguridad, la planificación de portafolios y los ingresos pasivos—este libro te ha guiado a través de los pilares esenciales de la inversión en criptomonedas. Y aunque el aprendizaje nunca termina, has construido una base que muchas personas nunca se toman el tiempo de establecer. Eso te coloca en una posición única: no solo eres un participante en este espacio—estás preparado para prosperar en él.

Pero seamos honestos: las criptomonedas no son un camino fácil. Los mercados son volátiles. Las reglas cambian. El ruido es constante. Habrá días en los que dudes de todo y otros en los que te sientas invencible. Pero recuerda esto: la riqueza a largo plazo no se construye acertando siempre. Se construye apareciendo de forma constante, aprendiendo de tus errores y manteniéndote enfocado cuando otros pierden el rumbo.

Las personas que tienen éxito en cripto no son necesariamente las más inteligentes o técnicas. Son las que abordan este viaje con intención. Protegen sus activos. Siguen un plan. Invierten en aprender, no solo en ganar dinero. Y cuando ganan, lo hacen de forma silenciosa—no porque tuvieron suerte, sino porque estaban preparados.

Si hay una verdad que define el mundo cripto, es esta: todavía es temprano. La tecnología blockchain sigue evolucionando. La regulación aún se está formando. La adopción global sigue acelerándose. Eso significa que tienes tiempo—tiempo para construir, posicionarte y crecer mientras el mundo se pone al día. Pero también significa que cada decisión que tomas hoy puede convertirse en algo transformador mañana.

Entonces, ¿qué deberías hacer ahora?

Revisa tus objetivos. ¿Siguen siendo relevantes? ¿Reflejan tus valores, tu horizonte de tiempo y tu tolerancia al riesgo?
Refuerza tu seguridad. Respaldar tus frases semilla. Revisar permisos de billeteras. Auditar tus procesos.
Optimiza tu portafolio. ¿Está equilibrado? ¿Tus asignaciones reflejan tus convicciones?
Sigue aprendiendo. Sigue fuentes confiables. Explora nuevos protocolos. Entiende lo que hay detrás de cada proyecto en el que inviertes.
Educa a otros. Ya sea un amigo, un familiar o un colega—compartir lo que aprendes fortalece tu propio entendimiento.
Mantente con los pies en la tierra. Desconéctate del ruido cuando sea necesario. Enfócate en lo que puedes controlar. Y nunca dejes que la emoción del corto plazo destruya tu disciplina de largo plazo.

Si estás construyendo riqueza en cripto, estás haciendo algo más grande que ganar dinero. Estás participando en una nueva era financiera. Una era donde las herramientas de creación de riqueza no están reservadas para unos pocos ni limitadas por sistemas tradicionales. Estás asumiendo responsabilidad. Estás creando independencia. Y estás formando parte de una comunidad que cree en la transparencia, la descentralización y la oportunidad para todos.

Puede que aún te sientas como principiante. Y está bien. Los mejores inversionistas nunca dejan de ser estudiantes. Pero si has llegado hasta aquí, ya has hecho algo que la mayoría nunca hará: tomaste acción.

Y a partir de este momento, ya no se trata de ver qué sucede después. Se trata de construirlo—con intención, con paciencia y con la certeza de que el camino que has comenzado puede cambiarlo todo.

Tu futuro en cripto comienza ahora. Ve y constrúyelo.

www.ingramcontent.com/pod-product-compliance
Lightning Source LLC
LaVergne TN
LVHW040522210926
848480LV00007BA/1553